세계문화유산 개성

세계문화유산

개 성

문광선 지음

역사인

사진첩 《세계문화유산 개성》을 내면서

지금으로부터 36년 전인 1979년에 세계탁구선수권대회의 취재로 처음으로 평양을 방문하였다. 그때로부터 36년간 북의 백두산으로부터 남의 제주도까지 촬영할 수 있었다.

조선에서는 행사, 유적, 풍경 등을 촬영하였으며 2000년 6월과 2007년 10월에 북남수뇌회담, 2007년 5월에 북남철도연결구간 시운전, 같은 해 11월에는 북남총리회담 등 역사적인 현장을 촬영하였다.

인상 깊은 것은 2007년 5월, 북남철도련결구간 시운전이 이루어졌을 때 북쪽의 금강산역에서 남쪽의 제진역까지 동승하였을 때 있은 일이다. 열차가 군사분계선을 넘는 바로 그 순간 북과 남의 관계자들 속에서 울려나온 환성과 박수소리를 잊지 못한다.

개성의 촬영은 2007년 역사문화유적들을 세계문화유산으로 등록 신청한 것이 계기가 되었다. 고려의 숨결을 느끼며 우리 민족의 역사, 슬기와 용맹을 세상에 알리고자 가슴에 불을 지폈다.

우리 민족의 첫 통일국가인 고려의 역사가 살아 숨 쉬는 역사문화유적도시 개성, 북과 남, 일본의 학술관계자들의 협력으로 복원된 중세 동아시아 최대의 사원인 령통사, 고려태조 왕건의 무덤인 왕건왕릉이며 고려 31대 공민왕과 왕비의 무덤인 공민왕릉과 고려시대의 왕과 왕비, 왕족들의 능이 산재해있고 고려의 최고교육기관인 고려성균관, 이름난 고려산성, 대흥산성과 관음사, 대흥사, 정몽주의 핏자국이 남아있는 선죽교, 숭양서원 등의 유적들, 박연폭포를 비롯한 풍치 수려한 개성의 모습을 해를

넘기고 계절을 바꾸어가면서 수십 번에 걸쳐서 촬영하였다.

　국토분단의 역사와 함께 조선민족을 두 갈래로 양단하는 고통의 상징으로 세계에 알려진 역사문화유적도시 개성은 이제 북남경제협력사무소(개성공업지구)의 거점으로 되고 오늘은 분단의 상징이 아니라 통일의 상징으로 되어 있다.

　촬영한 유적들은 무려 수천 장을 넘는다. 그 속에서 개성의 역사문화유적을 전하는데 필요하다고 생각되는 사진들을 골라 책을 편집하였다.

　이 책을 통하여 고려 천년의 역사와 문화의 향취 그윽한 도시 개성, 조선반도의 오늘의 숨결과 매력을 많은 독자들이 알아주기를 진심으로 바란다.

　또한 북과 남의 문화교류 활성화와 개성관광 재개의 계기가 되기를 염원한다.

　사진첩 출판을 위해서 오늘까지 나의 촬영활동을 도와준 조국의 여러분들과 조선신보사 동료 기자들과 친구들, 그리고 사진첩의 출판을 맡아준《민족21》정창현 대표, 역사인 관계자 여러분께 진심으로 감사를 드립니다.

2016년 1월 도쿄에서

문광선

제1부   세계문화유산 지정 역사유적

제2부 개성지역의 문화유적

제 1부

세계문화유산 지정 역사유적

회경전으로 올라가는 4개의 계단
중심 건축군의 맨 앞에 길이가 60m를 넘고 높이가 7.8m나 되는 웅장한 축대가 있다. 33단으로 된 4개
의 계단을 오르면 기본 정전인 회경전이 있다. 개성시 송악산 남쪽 기슭에 자리 잡고 있는 만월대는 고
려왕조 개국부터 멸망에 이르는 470여 년 동안 왕궁으로 사용됐던 터이다.

● ● ●

고려의 궁궐이 자리 잡았던 만월대터

만월대는 919년부터 1361년까지 고려의 왕궁이 있던 터이다. 왕궁터는 개성시 서북쪽에 솟아있는 송악산의 남쪽기슭에 위치하고 있다. 1361년 외적의 침입으로 전부 불탄 후 지금까지 터만 남아 있다.

흔히 고려 궁궐(법궁, 정궁)의 이름은 만월대라고 알려져 있다. 만월대라는 이름은 원래 궁성 안에 음력 정월보름달을 바라보기 위해 만들어 놓았던 망월대(望月臺)에서 유래된 것이라고 전한다. 그러나 이름은 고려 궁궐이 폐허로 변한 조선시대에 들어와 붙여진 것이다. 12세기에 고려에 사신으로 왔다가 자신이 보고들은 경험을 글과 그림으로 남긴 서긍(徐兢)의 『고려도경(高麗圖經)』에도 궁궐의 전각 이름만 나올 뿐 정작 궁궐의 이름은 기록되어 있지 않다. 『고려사』에 가장 많이 등장하는 명칭은 '본궐 本闕'이다. 중국 당, 송, 원나라처럼 궁궐의 이름이 따로 없었을 가능성도 있다.

고려는 만월대 북쪽 해발 50m의 작은 봉우리에 의거하여 궁성을 쌓고 그 안에 궁궐을 지었다. 그러나 현종 즉위 원년인 1010년 '거란(遼)'의 2차 침입으로 철저하게 파괴된 개경은 1011년과 1020년 두 차례의 중건을 통해 '중세도시 개경'으로 탈바꿈하게 되었다. 궁성에는 궁성을 상징하는 4개의 계단으로 이루어진 대규모의 축대와 이전까지의 정전이었던

건덕전(乾德殿)을 대신한 새로운 정전인 회경전(會慶殿)이 세워졌다. 궁성은 공민왕 10년(1361) 홍건적의 침입으로 폐허로 변하였으며 1392년 조선의 건국으로 기능을 다하게 된다.

왕궁의 궁전들은 크게 중심 건축군과 서부 건축군, 동부 건축군으로 갈라진다. 중심 건축군은 3개의 큰 궁전건물과 기타 부속건물들로 구성돼 있었다. 중심 건축군의 궁전들에서는 국가적인 행사들과 조회, 사신맞이가 진행됐으며 전쟁과 같은 중요 국사들도 논의됐다. 중심 건축군 터는 이미 발굴에 의해 전모가 거의 드러났다.

현재 중심 건축군의 맨 앞에는 길이가 60m를 넘고 높이가 7.8m나 되는 웅장한 축대가 있다. 이 축대에는 중심 건축군으로 오르는 33단으로 된 4개의 계단이 있다.

이 계단 위에 기본정전(왕이 공식적인 의식을 거행하는 궁전의 한 부분)인 회경전 터가 있다. 회경전은 앞면 9간, 옆면 4간으로서 왕궁에서 제일 큰 나래채 건물이었다. 회경전 앞에는 문무백관들의 조회를 받던 넓은 마당이 있었고 그 뒤에는 장화전 터가 있다.

중심 건축군 터의 서쪽 낮은 지대에는 20여채의 궁전건물들이 있었던 서부 건축군 터가 있다.

여기에는 회경전 다음가는 지위에 있던 정전인 건덕전이 있었다. 고려왕들은 중요한 행사나 의식, 중대한 국사토의를 할 때를 제외하고는 보통 건덕전에서 정사를 보았다. 이곳에는 그밖에도 선정전(편전 - 왕이 일상적으로 사무를 보는 궁전의 한 부분), 중광전(편전), 연영전(편전), 장령전(편전), 자수전(편전), 만령전(침전 - 왕의 침실이 있는 궁전의 한 부분)과 같은 많은 궁전들과 사당, 절들도 있었다.

서부 건축군의 대부분은 아직도 땅속에 묻혀있는데 그 일부는 발굴에 의해 드러났다.

중심 건축군 터의 동쪽 낮은 지대에는 동부 건축군 터가 있다. 『고려도경』에 따르면 여기에는 세자궁(왕의 후계자로 선정된 왕자가 거처하는 왕궁의 한 부분)인 수춘궁이 있었고 수춘궁에는 대문들인 춘덕문과 원인문, 육덕문 그리고 수춘전, 건명전을 비롯한 여러 궁전건물들이 있었다고 한다.

발굴자료와 문헌기록들에 따르면 왕궁 건물들은 전통적인 민족건축 양식인 목조건물로 왕궁으로서의 지위에 어울리게 웅장 화려하게 건설됐다.

궁전 지붕은 모두 푸른 유약을 발라서 구운 청기와를 씌웠고 건물들은 금, 은, 동을 비롯한 금속재료로 장식을 했으며 갖가지 색깔의 옻칠을 하여 사치함을 최대로 돋웠다고 한다.

회경전터를 중심으로 궁성 동쪽 벽까지 약 135m, 서쪽 벽까지 약 230m이며, 남쪽 벽의 성문인 승평문(昇平門)까지 약 250m이다.

만월대터는 현재 국보유적 122호로 지정돼 있다.

회경전 기단

회경전 터는 앞면 9칸, 옆면 4칸으로 되어 있는데, 가운데가 한단 높다.

만월대터 전경
회경전터에서 바라다 본 만월대터와 송악산. 왕궁의 궁전들은 크게 중심, 서부,
동부 건축군으로 나뉘는데, 중심 건축군터는 거의 발굴이 끝났다.

만월대 복원모형도
그동안의 만월대터 발굴성과에 기초해 만든 것으로 현재 고려박물관에 전시되어 있다.

만월대 중심 건축군의 축대

회경전 계단

장화전터 전경

송악산松嶽山

개성시와 개풍군의 경계에 있는 산으로 부소갑(扶蘇岬), 곡령(鵠嶺), 문숭산(文崧山)이라고도 불렸다. 높이 489m. 고려의 옛 도읍인 송도(松都)의 진산이다. 송악이라는 이름은 소나무를 심어 그 명(名)이 체(體)를 표현한다는 풍수사상에서 유래한다. 주위에 봉명산(鳳鳴山:411m)·천마산(天摩山:762m)·화장산(華藏山:558m)이 자리하고 있다. 산 전체가 주로 화강암의 큰 바위로 되어 있으며, 기암괴석·활엽수림의 조화가 뛰어나다. 신라시대의 토성과 고려시대의 성터가 남아 있으며, 남쪽 골짜기에는 만월대터가 있다.

발어참성勃禦斬城
발어참성은 고려가 성립되기 전인 896년에 축조된 성이다. 왕건은 919년 개성을 고려의 수도로 정하면
서 발어참성을 북, 남의 2개 부분으로 나누어 남쪽부분에 황성과 궁성을 건설했다. 현재 발어참성은
외성 성벽을 겸하고 있는 북벽, 서벽과 동벽의 북쪽 일부 구간만이 남아있다.

● ● ●

궁성과 황성

　　　　　　　고려는 수도인 개경을 방위하기 위해서 초기
부터 여러 성곽을 쌓았는데, 궁성, 황성, 라성, 그리고 1392년(조선 태조 2)
에 완공된 내성이 있었다. 이러한 성곽들은 자연지세를 그대로 이용해 축
성되었다.

궁성은 정궁인 본궐(만월대 등으로 불림)과 국왕과 관련된 시설들을 둘러
싸고 있다. 궁성에는 승평문(昇平門, 남쪽), 동화문(東華門, 동쪽), 서화문
(西華門, 서쪽), 현무문(玄武門, 북쪽)이 있었다.

황성은 궁성을 둘러싸고 있는 성곽으로, 성 안에는 중앙관청들이 자리 잡
고 있었다. 황성의 모태는 송악산을 주산으로 해서 쌓은 발어참성이다.
898년 도읍을 철원에서 송악(개성)으로 옮긴 후 905년 다시 철원으로 천
도할 때까지 발어참성은 태봉의 도성이었다. 둘레 약 4.7km 정도로,
896~898년에 태봉의 궁예가 왕건에게 명하여 축성하였다.

918년 고려를 건국한 왕건이 919년(태조 1) 수도를 개성으로 옮기면서
발어참성 안의 만월대에 궁성을 쌓고 궁궐을 새로 지었다. 그후 1029년
개성의 외성(라성)을 쌓은 때로부터 1392년 고려가 멸망할 때까지 발어
참성은 외성 안의 궁성을 지키는 황성 역할을 했다. 발어참성은 만월대
남서쪽 산등성이에 서 있는 눌리문을 서문으로 삼고 송악산을 배경으로
만월대를 포함하여 송악동 일대를 포괄하고 있다. 현재 국보유적 129호
로 지정돼 있다.

지네산(203m) 위에 남아 있는 발어참성의 서쪽 성곽
고려의 수도성이었던 개성성은 원래 황성, 궁
성, 외성, 내성의 4개 부분성으로 이뤄져 있었
으나, 현재는 외성과 내성, 발어참성의 일부가
남아 있다.

발어참성의 서쪽 성벽

발어참성은 성벽의 북벽과
서벽을 돌로 쌓고 동벽과 남
벽의 일부는 흙으로 쌓았다.
북벽과 서벽은 크고 작은 자
연석으로 면을 맞추어 바깥
면만 쌓은 단축성벽이며 그
높이는 6∼8m이다. 성벽 위
에는 성가퀴와 나각이 있다.

외성(라성), 수도를 지키는 성

개성의 라성은 궁성, 황성, 그리고 일반 거주지인 5부방리五部坊里 등을 포괄하는 성곽으로 거란의 침략에 방비하기 위해 축성되었다. 개성성, 개성옛성, 외성이라고도 한다. 11세기 초 거란의 침입이 있은 뒤 강감찬의 건의에 따라 현종이 청주의 호족 이가도(李可道)에게 명하여 축성하였다. 1009년(고려 현종 즉위년) 공사가 시작되어 착공 21년 만인 1029년(현종 20)에 완공하였다. 국보유적 제130호 지정돼 있다.

라성은 송악산 꼭대기에서 시작하여 남쪽의 용수산, 서쪽의 지네산, 동쪽의 부흥산 등 높은 산봉우리들을 이용하여 평산성식(평지성과 산성을 결합한 성)으로 쌓았다. 송악산 남쪽 사면과 남산을 둘러 시가지 전체를 포위하듯이 쌓았는데, 둘레는 약 23km, 성벽의 높이는 약 3~4m 정도 된다. 30만 4,400여 명이 동원되었으며, 성벽의 재료는 주위 조건에 따라 돌 혹은 흙을 사용하였으며, 상황에 따라 돌과 흙을 혼합하여 쌓기도 하였다. 외성에서 돌로 쌓은 부분은 북쪽 송악산마루의 성벽으로부터 서쪽 눌리문 부근까지의 구간으로 그 길이는 5.5km에 달한다. 나머지 17.5km에 해당하는 성벽은 모두 토성이다. 조선시대 한양성이 약 18km이었다는 점을 감안할 때 라성의 둘레가 23km이었다는 것은 그 규모가 상당히 컸다는 것을 알 수 있다.

눌리문
발어참성의 서문이었던 눌리
문은 현재 무지개 모양의 돌문
만 남아 있다. 눌리문은 황성,
라성, 내성이 동시에 만나는 곳
으로 추정된다.

라성의 완성은 100여년 동안 꾸준하게 진행된 고려 도성 정비의 마무리
였다고 평가된다. 대대적인 국가사업으로 만들어진 라성은 고려시대 축
조물의 상징이자 고려사람들의 자부심이었다.

"거란의 성종이 개경에 침입해서 궁궐을 불태웠다. 현종이 개경을 수복
하고 라성을 쌓자 나라 사람들이 기뻐서 이 노래(金剛城)를 불렀다. 어떤
사람은 말하기를 몽골병을 피해 강화로 천도했다가 다시 개경으로 돌아
와서 이 노래르 지었다고도 한다. '금강성'이라고 한 것은 그 성의 경고하
기가 쇠같이 굳음을 말한 것이다." 『고려사』 권71, 악지 금강성

조선시대에 와서 완성된 내성

내성은 황성과 라성 사이에 있던 성곽이다. 1391년부터 약 2년에 걸쳐 쌓은 내성은 고려 말 홍건적과 왜구의 침입 등을 겪은 후 라성 안의 주요 부분을 방어하기 위하여 축조한 것이다. 라성의 서쪽 성벽 눌리문 부근에서부터 능선을 따라 동쪽으로 내려와 남대문과 동대문을 거쳐 북쪽 성벽 북소문 부근까지 약 11km로 뻗어 있다. 현재 내성은 남대문, 건물터 등이 일부 남아 있다.

성이름	둘레(m)	동서길이(m)	남북길이(m)	넓이(㎡)	조성 시기
황성	4,700	1,125	1,150	125만	919년
궁성	2,170	375	725	25만	919년
외성	23,000	5,200	6,000	2,470만	1009~1029년
내성	11,200	1,300	3,700	468만	1391~1393년

라성에는 동서남북의 4대문과 중문 8개, 소문 13개가 있었고 중요한 성문에는 옹성과 치(雉)를 쌓았다. 또한 성벽 위에는 성가퀴를 만들고, 활 쏘는 구멍을 냈다. 그러나 현재 성문은 모두 없어지고 터만 일부 남아 있다.

눌리문은 라성 외곽의 서쪽 도로에서 곧바로 황성으로 들어올 수 있는 주요 관문이었다.

개성 남대문 정면
개성 남대문은 남과 북에 남아있는 옛 성문들 중에서 가장 오랜 것이며, 고려 말·조선 초기 성문 건축
을 대표한다. 현판은 조선전기의 명필인 석봉 한호(韓濩)의 글씨로 알려져 있다.

● ● ●
내성의 남문 남대문

개성성 내성의 정남문인 남대문은 1393년에 완성됐고, 1900년(고종 37)에 고쳐지었으나 1950년 전쟁 때 파괴되어 1954년에 현재의 모습으로 복원됐다. 내성에는 원래 7개의 성문이 있었지만 문루가 복원되어 남아 있는 것은 남대문 하나이다.

개성시 북안동에 있는 남대문은 큼직큼직한 화강석을 세심하게 가공하여 축대를 무게 있게 쌓고 축대의 중심에는 홍예문 형식의 문길을 냈다. 홍예문 형식은 고려시기부터 생겨났다.

문루는 정면 3칸(13.63m), 측면 2칸(7.96m)으로 지어졌다. 고려 말의 건축기법을 잘 보여주는 문루로 평가된다.

수도성의 기본 남문이면서도 단층 문루로 되어 있는 것은 개성의 풍수원리와 조화시키기 위한 것이었다고 한다. 풍수가들은 개성의 풍수원리를 설명하면서 높은 산이 둘러서 있는 수도 안에 높은 건물을 지어서는 안 된다고 권고했다고 한다. 전반적으로 볼 때 성문은 건축의 비례와 균형이 맞고 장중하며 위엄이 있다. 국보유적 제124호로 지정돼 있다.

남대문은 개성시의 중심지인 북안동에 있으며, 고려시기 개경의 중심도로인 십자가가 이곳을 지나갔다. 개성남대문은 당시 함께 건설된 내성의 성문들 가운데서 가장 크고 훌륭했다.

● ● ●
우리나라 5대 종의 하나인 연복사종演福寺鐘

　　　　　　　　남대문의 문루 안에는 원나라 장인들이 만든
연복사종이 걸려 있다. 이 종은 1346년(고려 충목왕 2) 원나라 종장(鐘匠)
이 만들어 고려시대에 창건된 개성 연복사에 걸었던 범종으로, 1563년
(조선 명종 18)에 연복사의 화재 때문에 남대문루에 옮겨 걸었다.
국보유적 제136호로 지정돼 있다.
연복사종의 크기는 종입 지름 1.9m, 높이 3.12m, 두께 0.23m로, 무게는
약 14톤이며, 동합금으로 만들었다. 우리나라 5대 종의 하나로 일컬어
진다.
이 종에는 이곡(李穀)이 찬(撰)하고 성사달(成士達)이 글씨를 쓴 긴 명문
이 새겨져 있다. 명문에는 1346년 원나라 순종(順宗)의 명을 받아 자정원
사(資正院使) 강금강(姜金剛)과 좌장고부사(左藏庫副使) 신예(辛裔)가 금
강산 장안사에 와서 범종을 만들고 돌아가는 길에 고려 충목왕과 덕녕공
주의 요청에 의해 주조하게 된 것이라 기록되어 있다.
조선시대에는 새벽 4시와 밤10시 성문을 열고 닫을 때 종을 쳐서 알렸다
고 하는데 그 소리가 매우 맑아 100여 리까지 퍼졌다고 전한다.

연복사종 전경

종의 몸체는 여러 줄의 굵은 선으로 아래 위 두 부분으로 나뉘며, 여기에 명문을 비롯해 불상, 불경, 여러 가지 모양의 문양이 새겨져 있다. 연복사는 919년 고려 태조가 수도를 철원에서 개성으로 옮긴 후 도내에 창건한 10찰 중의 하나였다. 당시 이름은 보제사(普濟寺)였으며, 남대문보다 조금 남쪽에 있었다.

연복사종 종걸이
종걸이는 용 두 마리로 되어 있고, 음통(音筒)이 없다.

종신에는 팔괘(八卦)가 새겨져 있으며, 사방으로 삼존불(三尊佛)이 양각되어 있다.

첨성대 전경
현재 화강석을 다듬어 만든 축대 부분만 남아 있다. 축대의 높이는 2.8m이며, 한 변의 길이는 2.6m이
다. 조선왕조 시기의 『만월회고』(1612년)에는 만월대의 고려 왕궁터와 함께 곁에 있는 첨성대가 지금
의 모습대로 그려져 있다. 첨성대 주변에서 기둥 돌 비슷한 부재들이 발견됐는데, 전문가들은 이에 기
초하여 축대 위에 2층짜리 건물이 서 있던 것으로 추정하고 있다.

4. 개성 첨성대瞻星臺

● ● ●
고려의 천문학 수준 보여주는 첨성대

고려가 궁성을 쌓으면서 세운 것으로 만월대 고려왕궁터의 서쪽에 자리 잡고 있다. 본래 축대 위에 천문현상을 관측하던 기구들이 놓여 있었다. 축대는 기둥돌과 그 위에 상처럼 짜놓은 큰 돌로 이루어졌다. 기둥돌은 모두 5개인데 4개는 네 모서리에 세우고 1개는 가운데에 세웠다

축대의 높이는 2.8m이며 한 변의 길이는 2.6m이다. 축대는 동, 서, 남, 북 방위와 일치한다.

고려에서는 건국 초기부터 천문기상 관측기관들을 두었으며 여기에서 일하던 전문가들은 천문대의 관측결과를 기록해 두었다. 『고려사』 천문지에는 태양의 흑점을 관측한 기록만 해도 1105년부터 고려 말기에 이르기까지 50여건이나 남아 있다.

고려는 서구보다 수백 년이나 앞서 태양흑점에 대한 관찰을 진행하였을 뿐만 아니라 수백 년 동안 계속한 것으로 알려져 있다.

개성첨성대는 경주에 있는 첨성대와 함께 당시 건축술과 천문학의 발전 수준을 보여주는 귀중한 문화유산이다.

화강암을 이용하여 축조된 석재 구조물은 5개의 사각형 초석(礎石) 위로 직사각형의 기둥을 세운 뒤 기둥의 상부에 장대석을 올려 구조물의 상부가 방형의 형태를 가진다. 장대석을 사용하여 방형으로 형성된 구조물 상부의 안쪽으로는 1매의 장대석을 중앙에 배치하여 2개의 공간으로 구분한 뒤 각각 3개의 석재를 이용하여 공간을 메워 구조물의 상부를 형성하였다.

첨성대 측면

첨성대에서 멀지 않은 곳에 이자겸이 난을 일으켰을 때 목숨을 던져 인종을 구원한 홍관(洪灌)
의 비가 있다.

외삼문
명륜당 남쪽구역 담장 가운데 있으며, 성균관으로 들어가는 기본 정문이다.

● ● ●
국보유적 제128호 성균관

고려는 992년에 성균관의 전신인 국자감을 설립하고 국가 관리 양성 및 유교 교육을 담당했다. 1304(충렬왕 30)년에 국자감의 이름을 국학(國學)으로 바꾸면서 대성전을 짓고, 1310(충선왕 2)년에 성균관으로 바꾸었다. 1592년 '임진왜란' 때 불에 타버렸던 것을 1602(선조 35)년에 복원했다.

약 1만 평방미터의 부지에 18동의 건물이 남북 대칭으로 배치되어 있다. 크게는 명륜당을 중심으로 하는 강학(講學)구역이 앞쪽에 있고, 대성전을 중심으로 하는 배향(配享) 구역을 뒤쪽에 두는 전학후묘(前學後廟)의 배치이다.

유교의 교리에 따라 대부분의 건물들이 소박하게 지어졌다. 고려 말기에 목은 이색이 성균관의 책임자인 대사성을 맡았고, 정몽주가 교육을 담당하기도 했다. 특히 고려 말 개혁에 앞장섰던 신진사대부들이 이곳에서 공부하였던 역사적인 곳이다. 조선초에 한양에 성균관을 지으면서 개성 성균관은 향교가 되었으나 그 이름은 그대로 남았다. 국보유적 제128호로 지정되어 있다.

1988년부터 고려박물관으로 사용되고 있는 성균관은 송악산 동쪽 자락의 마암 북쪽 기슭 탄현문(炭峴門) 안에 자리하고 있다. 고려 말 건물로

명륜당은 유학을 가르치던 강당으로 앞면 5칸(19.3m), 옆면 3칸(9.34m)이며, 바닥에 마루를 깔고 겹처
마를 한 규모가 큰 배집이다. 고려시기 강당형식을 보여주는 대표적인 건물이다.

조선 초기까지 가장 잘 유지 보존된 것 중의 하나가 성균관이다. 고려 말
부터 인재를 양성하고 관리를 배출해 내던 성균관은 조선 건국 이후에도
역시 같은 기능을 하였다. 원래 이곳은 순천관(順天館)이 있던 자리이다.

내삼문

명륜당 뒤에 있으며 사당구역으로 들어가는 삼문형식의 문이다. 사당구역은 이름난 유학자들을 제사지내던 구역이다. 사당구역의 중심건물인 대성전은 구역 북쪽 중심에 있는데 앞면 5칸, 옆면 3칸으로 돼 있다. 대성전 앞 좌우에는 동무와 서무가 마주 서있다.

대성전

고려에 성리학을 전한 안향(安珦)이 중국에서 직접 가져온 여러 현인들의 인물상이 있었던 곳이었으나, 조선 선조 7년(1574)부터 인물상이 신위로 대체되었다.

대성전
대성전은 앞면 5칸(14.69m), 옆면 3칸(9.75m)의 겹처마합각지붕을 이은 건물이다.

성균관 대성전 앞에는 두 개의 용대가리 조각이 전시돼 있다. 동쪽에 있는 것은 만월대에서 옮겨 온 것이고, 서쪽에 있는 것은 수창궁에서 옮겨 온 것이다.
용대가리 조각은 화강석으로 만들 것으로 길이는 1.45m이다.

만월대에서 옮겨 온 것

고려박물관

　　　　　　1988년에 개관되었고, 고려시기의 건축술을
자랑하는 성균관의 18동의 건축물들과 그 주변에 역사유적과 유물들을
진열하고 있다. 고려박물관은 명륜당·대성전·동재·서재·동무·서무·
계성사·존경각·향실 등 성균관 건물 18채를 전시실로 사용하고 있으며,
모두 4개의 전시관으로 되어 있다. 약 1,000여 점의 유물이 전시돼 있다.
동무에 꾸민 제1전시관에는 고려시대의 개성 지도, 고려의 왕궁이었던
만월대의 모형, 왕궁터에서 출토된 꽃무늬벽돌·막새·쌀·쇠투구·갑옷
편 등과 고려 제11대 왕인 문종의 능에서 발굴한 금동공예품·옥공예
품·단추·활촉·청동말, 고려시대의 화폐인 해동통보·해중동보·동국통
보·삼한통보 등 고려의 성립과 발전의 역사를 보여주는 유물들이 전시
되어 있다.
대성전에 꾸민 제2전시관에는 과학기술과 문화의 발전상을 보여주는 금
속활자, 고려첨성대 자료, 청자를 비롯한 고려자기 등의 유물이 전시되어
있다. 계성사에 꾸민 제3전시관에는 개성시 박연리 적조사터에서 옮겨온
철불 등이 전시되어 있다.
서무에 꾸민 제4전시관에는 불일사오층석탑에서 발견된 금동탑 3기를
비롯하여 여러 모양과 무늬의 청동거울, 청동종, 오동향로, 청동징, 청동

원래 개성시 박연리에 있는 적조사터에서 발굴된 것을 옮겨온 불상으로 높이는 1.7m이다. 이 불상은 철로 만들어진 석가여래상으로, 색조가 검고 몸체는 늘씬하다. 머리는 나발이고, 결가부좌로 앉아 있는 데 허리를 곧추세우고 있어서 강한 남성미가 풍긴다. 별다른 치장은 없으나 당당한 체구와 오른쪽 허리로 흘러내린 법의의 생생한 옷 주름, 얼굴의 미소 등이 매우 세련된 기법을 보이는 불상이다. 고려 초기 철조불의 대표적인 사례로 평가된다. 계성사에 만든 제3전시관에 전시돼 있다.
청동 왕건상은 1993년 왕건릉을 개수하던 중 봉분 북쪽 외곽에서 출토된 것으로 높이 1.6m 가량이며 비녀를 꽂은 8개의 일월(日月)을 형상화한 보관을 쓰고 좌정한 모습으로 성기까지 표현돼 있다.

화로, 공민왕릉의 조각상과 벽화, 혜허가 그린 〈관음도〉(모사) 등 금속공예·건축·조각·회화에 관한 유물이 전시되어 있다.
이외에도 야외 전시장에는 불일사 5층석탑, 흥국사탑, 현화사 7층석탑, 현화사비, 개국사 석등, 원통사 부도 등의 조각 작품이 전시되어 있다.

현화사 7층탑

1020(고려 현종 11)년에 화강암으로 조성된 석탑으로, 원래 장풍군 월고리 영추산 남쪽 기슭 현화사터에 있던 것을 옮겼다. 높이는 8.64미터이다. 지대석 위 단층 기단, 7층의 탑신부, 정상의 상륜부로 구성된 일반형 석탑이다. 국보유적 제139호로 지정돼 있다.

탑신부의 각층 탑신석은 4면에 모두 감실형 안상을 새기고 그 안에 불상과 보살상을 정교하게 조각해놓았다. 탑신은 위로 올라갈수록 너비와 높이를 줄여 안정된 균형감이 있다. 현화사는 고려시대 역대 왕실의 각종 법회가 열렸던 도량으로, 지금은 그 터만 남아 있다.

평장사 강감찬이 1018(고려 현종 9)년 고려를 침략해온 거란군을 무찌른 기념으로 세운 것으로, 1021(현종 12)년 5월에 조성됐다. 원래는 개성 만월대의 흥국사터에 있던 것을 옮겼다. 국보유적 제132호로 지정돼 있다.

흥국사탑은 단층 기단과 탑신부로 구성된 일반형 탑이었을 것으로 짐작된다. 지금은 지대석과 기단, 옥신석 1개, 옥개석 3개 만이 남아 있다. 탑의 형태로 미루어 원래는 5층탑인 듯하며, 높이 4.4미터 가량으로 추정된다. 건립 양식이나 수법이 뛰어나고 세운 연대가 명확해 고려시대의 탑을 연구하는 데 중요한 자료가 된다.

현화사비

1022(고려 현종 12)년에 조성된 사적비로, 현화사터에 있던 것을 옮겼다. 화강석으로 된 귀부와 대리석으로 된 비신 및 이수로 구성된 비석이다. 전체높이 4미터, 비신 높이 2.36미터, 너비 1.3미터, 두께 29센티미터이다. 비신의 앞뒷면에는 현화사의 창건 내력과 규모, 연중행사 등을 기록한 2,400여 자의 명문이 있고, 양측면에는 서로 싸우고 있는 두 마리의 용이 양각되어 있다. 비신 앞면에는 현종의 어필로 "영추산대자은현화사지비명(靈鷲山大慈恩玄化寺之碑銘)"이라는 비명(碑名)이 새겨져 있다. 국보유적 제151호로 지정돼 있다.

귀부는 고려시대의 전형적인 양식인 용머리형이며 귀갑은 두툼하다. 등쪽 직사각형의 비좌에 대리석
으로 된 비신을 세우고 4마리의 용을 생동감 있게 양각한 이수를 올렸다.

불일사5층탑

불일사5층탑(佛日寺伍層塔)은 고려 광종이 어머니 유씨의 원당(願堂)으로 세운 불일사에 있던 탑으로, 951(고려 광종 2)년에 조성됐다. 개성시 내성동공원 안에 있던 것을 1960년에 이곳으로 옮겼다. 높이 7.94미터로, 재질은 화강석이다. 이 탑을 옮길 때 첫 단과 둘째 단의 탑신 안에서 20여 개의 금동탑들과 고려청자, 사리함, 구슬 등 많은 불교 경물들이 발견됐다고 한다. 국보유적 제135호로 지정되어 있다.

석탑은 2층 기단 위에 5층의 탑신부, 그리고 정상의 상륜부로 구성된 일반형 석탑이다. 노반석과 보주로 된 상륜부는 없어진 것을 새로 만들었다. 기단은 한 변의 길이가 4.32미터이다.

이 탑은 소박하면서도 웅장한 느낌을 주며, 고려 초기의 전형적인 석탑 양식을 보여준다고 평가된다. 불일사는 개성시 보봉산 남쪽 기슭에 있던 사찰로, 조선 중엽에 폐사되었다.

개국사 석등

개성시 개국사에 있었던 고려시대의 석등으로 1936년 개성역사박물관으로 옮겨 세워졌다. 대석(臺石)·간주석(竿柱石)·화사석(火舍石: 점등하는 부분)·옥개석(屋蓋石)으로 이루어져 있고, 기본적인 형태는 사각형이다. 높이 4m. 전체적으로 통일된 조형미를 보여주며, 간결하고 웅건한 인상을 주는 뛰어난 석등이다.

류수영문루

개성 류수영문루는 원래 개성 북안동에 있던 것을 옮겨 복원한 것으로, 개성 류수영의 여러 건물들을
지으면서 그 정문으로 세운 것이다.

선죽교 전경
길이 8.35m, 너비 3.36m의 화강석으로 축조된 돌다리로, 고려시대에는 돌난간이 없었으나 1780년(정
조 4) 정몽주의 후손들이 난간을 설치했다.

● ● ●

정몽주鄭夢周가 피살된 다리

자남산 자락에는 포은 정몽주의 흔적이 남아 있는 3개의 유적이 있다. 첫 번째 유적이 유명한 선죽교다. 1392년(조선 태조 즉위년) 정몽주가 후에 태종이 된 이방원 일파에게 피살된 장소다. 원래 선지교(善地橋)라 불렸는데, 정몽주가 피살되던 날 밤 다리 옆에서 참대가 솟아 나왔다 하여 선죽교(善竹橋)로 고쳐 불렀다고 전한다.

선죽교는 개성 남대문에서 동쪽 약 1km 거리의 자남산 남쪽 개울에 있다. 태조 왕건이 919년(태조 1) 송도의 시가지를 정비할 때 축조된 것으로 추정된다. 다리의 길이는 8.35m이고 너비는 3.36m이다. 국보유적 제159호로 지정돼 있다.

선죽교 부근에는 조선 시기에 정몽주의 애국충정을 길이 전하기 위해 만든 여러 유산들이 있다. 선죽교의 가장자리에 있는 난간은 1780년에 정몽주의 후손인 정호인이 선죽교에 사람들의 통행을 금지시키기 위해 세운 것이다.

또한 주변에는 정몽주의 충절을 추모하며 세운 '읍비'(1641년)와 정몽주와 함께 죽은 김경조를 위해 세운 2개의 비(1797년, 1824년), 하마비, 조선 시기의 명필인 한호(한석봉, 1543~1605년)가 쓴 선죽교비, 정몽주의 충절에 감동해 그의 시신을 거두어 준 고려의 관료 성여완의 집터비가 있다.

선죽교의 동쪽 옆에 세워져 있으며, 글씨는 조선시대의 명필로 알려진 석봉 한호(韓濩)가
썼다.

정몽주의 핏자국으로 전해지는 검붉은 흔적

선죽교 측면

비각과 읍비

선죽교의 동쪽 옆에 비각과 비가 세워져 있다. 비각 안에는 1641년(인조 19)에 목서흠(睦敍欽)이 세운 읍비(泣碑)가 있다. '읍비'는 울고 있는 비라는 뜻이다. 이 비는 늘 축축이 젖어 있다고 한다. 사람들은 그 비가 정몽주의 죽음을 슬퍼하며 울고 있는 것이라고 하여 그렇게 불렀다. 비에는 "일대충의 만고강상 一大忠義 萬古綱常"이라고 쓰여 있다.

비각 옆에는 정몽주와 함께 죽은 녹사 김경조(金慶祚)의 사적(事蹟)을 담은 녹사비(高麗鄭侍中綠事殉 義碑)도 있다. 1797년 유수 조진관이 세웠다.

성여완 유허비
읍비(泣碑) 옆에 있는 비각에 어디서 옮겨왔는지 모르는 성여완(成汝完)의 유허비가 세워져 있다.

선죽교와 표충각 삼문
표충각은 개성시 선죽동에 자리 잡고 있으며 선죽교와 이웃하고 있다. 표충각은 담장으로 둘러져 있으
며, 동쪽 담장 중심에 삼문(三門), 정문(正門), 동협문(東夾門), 서협문(西夾門)) 형식의 문이 있다.

● ● ●
정몽주의 충절을 기리는 표충비

　　　　　　선죽교 옆에는 조선시대 영조와 고종이 충신 정몽주의 충절을 기리기 위해 세운 비석 2기가 보존돼 있다. 모두 비각안에 있으며 비각은 담장으로 둘러져 있다. 동쪽 담장 중심에 삼문(三門), 정문(正門), 동협문(東夾門), 서협문(西夾門))형식의 문이 있다. 비석은 건립 연대가 서로 다르지만 한 비각 속에 암수 거북이 한 쌍이 나란히 받치고 서 있다. 왼쪽(북쪽)에 있는 것이 1740년(영조 16)에 세운 것이고, 오른쪽(남쪽)에 있는 것이 1872년(고종 9)에 세운 것이다.

거북이를 형상한 받침돌(귀부)은 10t이 넘는 화강석 통돌을 섬세하게 가공해 만들었다. 비몸(비신)은 검은 대리석으로 만들었으며 비 머릿돌(이수)은 화강석으로 합각지붕 형식으로 만들었다. 아래 면에는 네 마리의 용이 꿈틀거리는 모습을 대칭으로 새겼다.

표충비는 거북을 새긴 조각 솜씨가 뛰어날 뿐만 아니라 조선시대 말기의 석비 양식 연구에 귀중한 자료가 되는 유물로 평가된다.

국보유적 제 138호로 지정돼 있다.

표충비

비신에는 고려왕조의 충신이었던 정몽주의 충의와 절개를 찬양하는 영조와 고종의 어필이 새겨져 있다. 북쪽 비에 새겨진 영조의 시에는 산악같이 높은 절개를 지닌 고려말기의 재상이었던 정몽주의 도덕과 충정은 만고에 전해지리라고 쓰여 있고, 남쪽 비에 새겨진 고종의 시에서는 정몽주의 충정과 절개가 온 우주에 빛나며 그가 있어 우리나라 도덕이 이어진다고 적혀 있다.

표충각과 표충비 정면

비각은 정면 4칸(11.41m), 측면 2칸(5.25m)의 팔작지붕집으로, 북녘에 비각 중 가장 크다. 비각 앞마당에는 수령 300년 된 은행나무가 서 있다.

표충비 두 비석은 깔끔한 바닥돌 위에 10여 톤 정도 되는 커다란 통돌로 힘 있는 거북을 정교하게 새긴 귀부 위의 비좌에 비신을 세우고 팔작지붕 형식의 이수를 올려놓았다. 비신(碑身)은 검은 대리석이고 이수와 귀부는 화강석이다.

숭양서원 전경
1573년 정몽주의 집에 세워진 숭양서원은 1633년에 강당을, 1645년에 사당을 보수했으며, 1823년에
전반적인 보수가 있었다. 1865년 흥선대원군이 전국에 있는 1천여 개의 서원을 모두 철폐하였으나 숭
양서원은 철폐되지 않은 47개 대상의 하나였다.
1894년부터 한문을 가르치는 학당으로 이용되었고 1907년부터 약 3년간 '보창학교'로, 그 후에는 한문
강습소로 이용됐다.

8. 숭양서원 崧陽書院

● ● ●
개성에 남아 있는 가장 오래된 건물

　　　　　선죽교에서 서쪽으로 조금 가면 또 하나의 정
몽주 관련 유적이 있다. 1573년(선조 6) 개성유수 남응운(南應雲)이 정몽
주의 충절을 기리고 서경덕(徐敬德)의 학덕을 추모하기 위해 세운 숭양서
원이다. 행정구역상으로는 개성시 선죽동에 위치하고 있으며 자남산 동
남쪽에 있다.

처음에는 선죽교 위쪽 정몽주의 집터에 서원을 세우고 문충당(文忠堂)이
라 하였다. 1575년(선조 8)에 '숭양(崇陽)'이라는 사액(賜額)이 내려져 국
가가 공인한 서원으로 승격되었고, 1668년(현종 9) 이후 김상헌·김육(金
堉)·조익(趙翼)·우현보(禹玄寶) 등을 추가로 배향하였다. 국가지정문화
재 국보유적 제128호로 지정돼 있다.

경내에는 사당, 강당, 동·서재, 내·외삼문이 있다. 숭양서원은 서원의 전
형적인 구조인 '전학후묘(前學後廟)'의 배치에 따라 앞쪽에 교육시설, 뒤
쪽에 제사지내는 건물을 배치하였다. 안뜰에서 학생들의 숙소인 동재와
서재가 좌우에 있고 정면에 강당이 있다.

숭양서원은 흥선대원군의 서원철폐령에서 제외된 47개 서원의 하나로
남아 선현을 봉사(奉祠)하고 지방교육을 담당했다. 태조 이성계로 인한
원성을 가라앉히기 위해 숭양서원은 남겨 두었다고 한다.

마상석馬上石과 마하석馬下石
숭양서원의 외삼문 앞 좌우에는 3
면에 동물 모양을 새긴 2개의 돌계
단이 있다. 말을 타고 내릴 때 이용
했다는 마상석(馬上石)과 마하석
(馬下石)이다. 보통 서원 입구에 하
마비를 세워 진입을 금지하였다.
그런데 숭양서원 외삼문 바로 앞에
이같은 석조물이 있다는 것은 적
합하지 않다는 점에서 이 석조물
은 숭양서원 건립 이전부터 있었던
마상석과 마하석으로 보인다. 포은
선생이 출퇴근 할 때 이용했던 것
으로 추정된다.

숭양서원은 우리나라에서 가장 오래된 서원의 하나이다. 현재 개성에 남
아있는 건물 중 가장 오래된 건물이기도 하다. 숭양서원은 화려하게 장식
하지 않았지만, 자연지형을 합리적으로 이용하여 크고 작은 건물들을 적
절히 배치하고 조화시켰다는 점에서 건축학적인 측면에서도 높이 평가
된다.

외삼문
숭양서원은 산 경사면에 여러 층의 축대를 쌓고 건물을 배치하였다. 담장으로 둘러싸인 첫 문이 외삼문
이다. 5단의 높은 장대석 기단 위에 세운 정면 3칸, 측면 1칸의 민도리계 맞배지붕 건물이다.

송덕비

숭양서원 입구 동쪽 언덕의 바위에는 서성(徐渻), 서형순(徐衡淳), 서희순(徐熹淳), 서좌보(徐左補), 서미수(徐美修), 김육(金堉), 우창적(禹昌績)의 송덕비가 세워져 있다.

강당과 동재, 서재
가파른 계단을 올라 외삼문으로 들어서면 마당 안쪽에 강당이 있고 그 앞 양쪽에 동재와 서재가 마주
서 있다.

강당
강당은 홑처마의 합각지붕이며, 정면 5칸(12.79m), 측면 3칸(6.96m)이다. 규모는 크지 않지만 고졸한 맛이 있다.

동재東齋와 서재西齋

외삼문을 들어서면 학생들의 숙소로 이용된 동재와 서재가 좌우 양쪽에 있다. 동재와 서재는 각각 정면 5칸, 측면 2칸으로 지었다. 동재와 서재는 사당·강당과 마찬가지로 공포가 없는 형식의 맞배집으로 규모가 큰 건물이다.

사당

강당 뒤에 있으며 오르는 계단이 매우 가파르다. 사당은 정면 4칸(9.43m), 측면 2칸(4.83m)이다. 사당의 지붕은 겹처마와 맞배지붕이다. 그 옆으로 이어 달아서 사당 공간을 마련하였다. 이곳에 우현보(禹玄寶), 서경덕(徐敬德), 김육(金堉), 조익(趙翼), 김상헌(金尙憲) 선생의 위패가 봉안되어 있다. 위패는 교의(校椅)에 안치하고, 나지막한 교탁(校卓)에 백자로 빚은 향로, 촛대, 잔대를 진설하였다.

숭양서원기실비松陽書院紀實碑

숭양서원 사당 앞마당 왼쪽에 있다. 1932년에 전황(全晃)이 세웠고, 비문은 이동욱(李東旭)이 지었다.
대석과 팔작지붕형의 개석은 화강석으로, 비신은 오석(烏石)으로 조성하였다. 서원철폐령으로 자칫 훼
철될 위기에 있다가 대원군의 배려로 존치된 경위를 기록하였다.

포은선생서원비圃隱先生書院碑

숭양서원 사당 앞마당 오른쪽에 있다. 이 비석은 1811년(순조11, 신미년) 7월에 세운 것으로 비문은 남 공철(南公轍)이 짓고, 한용구(韓用龜)가 글씨를 썼다. 전액(篆額)은 김재찬(金載瓚)이 썼다. 대석과 팔 작지붕형의 개석은 화강석으로, 비신은 오석(烏石)으로 조성하였다. 비신의 상단부에 전서체로 "有明 高麗門下侍中諡文忠圃隱鄭先生書院碑銘"이라 새겼다.

왕건릉 능역 전경
1993년에 개건된 모습이다. 능은 만월대에서 서쪽으로 약 3㎞ 떨어진 송악산의 지맥인 만수산 남쪽 기슭에 위
치한다. 능의 동서북쪽은 만수산의 능선에 막혀있고 남쪽으로는 그리 넓지 않은 평지가 펼쳐져 있다. 『고려고
도징』(한재렴, 19세기초)이나 『중경지』에 따르면 왕건의 집터를 잡아준 유명한 풍수가인 도선이 왕건에게
"장차 이곳에 무덤을 쓰고 후대들도 여기에 무덤을 쓰면 대대로 번창할 것"이라고 했다고 한다.
현재 이 일대에는 고려 왕릉급 무덤의 30%에 해당하는 18기의 능들이 분포돼 있다.

9. 왕건릉王建陵 (현릉顯陵)

● ● ●

국보유적 제179호 왕건릉王建陵

　　　　　　왕건릉은 남대문에서 북서쪽으로 3.5km 정도 떨어져 있다. 왕건릉은 고려 태조 왕건과 신혜왕후 유씨를 함께 묻은 단봉 합장릉으로, 송악산의 지맥인 만수산 등성이에 자리 잡고 있다. 원래 이름은 현릉(顯陵)이다. 943년에 조성되었으나 역대 왕들의 보호가 각별하여 전란이 있을 때마다 묘를 옮겼다. 현재의 능은 1993년에 복원하면서 대대적으로 개건한 것이다.

3단 축조 형식의 웅장한 무덤과 왕건의 초상, 후삼국통일 시기의 문인 및 무인 석상이 서 있다. 무덤의 방위는 약간 서쪽으로 틀어진 남향이고 무덤 안은 돌방으로 되어 있다. 무덤 안의 동쪽 벽에는 매화·청룡이 그려져 있고, 서쪽 벽에는 소나무와 백호가 그려져 있다. 북쪽 벽의 벽화는 도굴로 파괴되어 무엇이 그려져 있었는지 알 수 없다. 청룡·백호 등의 벽화는 고구려 때부터 많이 그려져 왔다.

봉분 둘레에는 12각으로 호석(護石)을 세우고 그 밖으로 돌난간을 둘렀는데, 호석은 1993년 개건 당시 화강석으로 다시 새겨 놓은 것이다. 봉분의 높이는 8m이며 호석의 지름 19m이다. 무덤의 네 귀에는 화강석으로 만든 호랑이가 놓여 있으며, 앞에는 상돌과 망주석, 석등 등이 있다. 왕릉이 있는 곳보다 조금 낮은 둘째 단과 셋째 단에는 개국공신을 비롯한 8명의 측근 신하들의 돌조각상이 4명씩 양 옆에 서 있다.

능 입구의 정자각은 1950년 전쟁 때 파괴되었던 것을 1954년에 복구한 것이다. 태조의 영정과 능행도·서경순주도 등 왕건의 일생을 그린 그림을 보관하고 있다. 능문 앞의 한쪽에 고려태조왕건왕릉개건비가 세워져 있다.

왕건릉 입구

왕건릉 정면
무덤 위는 흙으로 덮고 그 둘레에 12지신상을 새긴 병풍돌(병풍석)을 돌렸다.
그 밖에 난간과 돌범, 상돌과 망주석, 돌등이 있으며, 그 앞에는 2단으로 나뉘어 좌우에 무인상과 문인
상이 4상씩 마주 서 있다.

왕건왕릉은 처음 만들어진 후 여러 번 중수됐다. 고려시기 외적이 침략해올 때마다 왕릉들 가운데서 왕
건의 시신만은 안전한 곳에 옮겨갔다가 다시 옮겨오곤 했다. 조선 시기에도 7차례 고려 왕릉들을 보호
하는 조치를 취했다. 특히 18세기 중엽에는 왕건릉의 석조물들과 정자각을 크게 중수했으며, 1857년에
도 고려왕릉들을 중수하면서 왕건릉에는 특별히 중수비와 비각까지 세웠다. 그 과정에 병풍돌과 돌난
간의 방향이 차이가 나게 됐고 일부 석조물들이 조선왕조 양식을 띠게 됐다.

왕건릉 앞에 세워져 있는 무인상武人像

비각碑閣

능 입구에 있으며, 1867년에 능을 보수하면서 세운 왕건릉 표식비와 중수비가 보존되어 있다.

왕건릉 앞에 세워져 있는 문인상文人像

정자각
능 입구에 있으며, 1954년에 복구된 것이다.

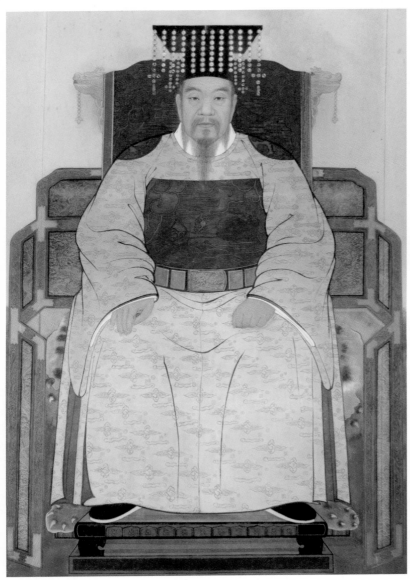

정자각 안에 전시돼 있는 태조 왕건의 영정
왕건릉에서 출토되었으며, 원본은 고려박물관에 소장돼 있다.

정자각 안에 전시돼 있는 왕건의 능행도

정자각 안에 전시돼 있는 왕건의 능행도

왕건릉을 개건하고 세운 '고려태조왕건 왕릉개건비'

왕건릉의 석실 내부로 가는 통로

왕건릉은 판돌로 평천정을 하고 무덤칸의 동서북벽과 천정에는 회를 바른 다음 벽화를 그렸다. 동쪽 벽에는 청룡과 매화, 참대를, 서쪽 벽에는 백호와 소나무, 매화를 그렸으며 북쪽 벽에는 그림이 많이 지워졌으나 현무의 형상이 어렴풋이 남아있다. 그리고 천정에는 별 그림을 그렸다.

왕건릉의 석실 내부 서쪽 벽
소나무와 백호가 그려져
있다.

왕건릉의 석실 내부 동쪽 벽
매화와 청룡이 그려져
있다.

왕건릉의 석실 내부 북쪽 벽
도굴로 파괴되어 무엇
이 그려져 있었는지 뚜
렷하지 않다.

현릉玄陵과 정릉正陵 능역 전경

공민왕릉은 개성시 해선리에 위치하고 있다. 나란히 있는 쌍릉 가운데 서쪽의 것은 공민왕의 현릉이고 동쪽의 것은 왕비인 노국공주의 정릉이다. 공민왕릉은 왕건릉에서 서쪽으로 약 3km 떨어진 봉명산의 무선봉 중턱에 있다. 공민왕은 1365년 왕비가 죽자 자기가 직접 주관하여 묏자리를 고르고 왕비의 능을 만들게 했으며, 그 곁에 자기의 무덤도 미리 준비해 놓도록 했다.

● ● ●

공민왕이 직접 설계

공민왕릉은 고려 제31대 왕인 공민왕(恭愍王, 1330~1374)과 왕비인 노국대장공주(魯國大長公主, ?~1365)의 능으로 공민왕이 안장된 현릉(玄陵)과 노국대장공주가 안장된 정릉(正陵)으로 이루어져 있다.

봉명산(鳳鳴山) 중턱에 남향으로 자리잡고 있다. 공민왕은 1365년(고려 공민왕 14) 왕비가 죽자 자신이 직접 설계하고 감독하여 9년이라는 오랜 기간에 걸쳐 이 방대한 무덤 공사를 벌였다.

무덤 구역은 가로로 긴 직사각형의 3개의 충단과 맨 아래의 경사충단으로 되어 있다. 공민왕의 무덤은 왕비의 무덤과 함께 그중 동서 40m, 남북 24m 정도 되는 상단 한 가운데에 나란히 놓여 있다. 특이한 점은 능 앞 제1단과 제2단 사이에 각각 돌계단이 하나씩 있고, 그 앞에 장명등(長明燈)이 하나씩 있으며, 그 좌우에 문인상이 2쌍 서 있다. 제3단에는 무인상이 2쌍 서 있다. 경사단 아래에는 복구한지 얼마 되지 않은 정자각이 있다.

왕릉의 내부는 석실구조로 현릉과 정릉을 연결하는 통로가 마련되어 있으며 석실의 벽과 천정에는 각각 12지를 상징하는 인물과 북두칠성이 그려져 있다.

현릉과 정릉의 정자각 전경

현릉과 정릉의 정면 전경
무덤은 석실봉토분이며, 널길과 널방으로 이루어진 외칸무덤(단실묘)이다. 널방은 가로 2.97m, 세로 3m, 높이 2.3m이며 화강암 판돌로 쌓고 평천장으로 하였다. 널방의 남쪽 벽 중앙에 만들어진 널길은 길이 9.1m, 너비 2.04m, 높이 1.82m이다.

고려의 능제에서는 왕과 왕비의 무덤이 따로 만들어지다가 공민왕릉에 이르러 처음으로 같은 곳에 장사하게 됐다. 특히 문인상과 무인상을 구별하여 세운 점 등 후에 조선의 왕릉제도에 큰 영향을 끼쳤다. 고려 말기의 능(陵) 형식을 대표하는 유적으로, 고려 왕릉 가운데 가장 보존상태가 좋다. 1905년 이후 여러 차례 도굴되어 유물은 거의 없다.

국보유적 123호로 지정돼 있다.

봉분의 주위로는 난간석을 돌렸으며 난간석의 바깥으로는 석호石虎와 석양石羊이 번갈아가며 배치되어 있다.

현릉과 정릉의 측면

현릉의 봉분은 지름 13m, 높이 6.5m이다. 화강암으로 12각의 호석을 돌리고 그 면석에 구름을 탄 12지신과 연꽃무늬를 섬세하게 새겼다. 그 밖으로 화강암으로 만든 호랑이 4구, 양 2구가 있다.

현릉과 정릉의 뒷면

현릉玄陵의 돌등

현릉의 문인상과 무인상

정릉의 문인상과 무인상

광통보제선사비는 공민왕릉 초입의 오른쪽에 서 있다. 광통보제선사(廣通普濟禪寺)라는 절의 내력을 기술한 고려 말기의 석비로, 이 절을 중건한 1377년에 건립됐다. 이 사찰은 고려 공민왕이 왕비인 노국 공주의 명복을 빌던 사찰이다.

석비는 지대석·대석·비신·옥개석으로 이루어졌는데, 비신석만 회색의 대리석으로 되어 있고 다른 부분의 석재는 화강암이다. 높이 2.2m, 비신 길이 2.1m, 두께는 0.4m이다.

비신 전면에는 이색(李穡)이 짓고 한수(韓修)가 쓴 비문이 해서체로 새겨져 있는데 손상이 심하여 알아볼 수 없는 글자도 많다. 다행히 《목은집(牧隱集)》에 비의 원문이 전하고 있어 그 내용을 알 수 있는데 사찰의 규모와 짓는 과정의 이야기를 기록하고 있다.

국보유적 제152호로 지정돼 있다.

명릉군 전경
명릉군 제3릉쪽에서 본 모습이다.

● ● ●

충목왕의 무덤으로 추정

　　　　　　명릉군은 개성시 연릉리 만수산(萬壽山) 중턱
에 자리하고 있는 세 개의 능이다.

능은 약 40~50m의 간격으로 나란히 위치하는데 서쪽에 위치한 순서대
로 제1릉, 제2릉, 제3릉으로 불린다. 그 중 능비가 세워져 있는 제1릉이
고려 29대 충목왕(忠穆王)의 능으로 알려져 있다.

세 능 모두 중심부에 병풍석을 두른 봉분을 배치하였으며 주변으로 석주
를 세운 뒤 난간석을 올렸다. 난간석의 외곽으로는 석수(石獸)를 배치하
였는데 일부는 유실된 상태이다. 제1릉을 제외한 나머지 두 능은 봉분의
아래로 문인상이 자리하는데 제1릉의 문인상은 유실된 상태이다.

명릉군 전경
서쪽(사진 왼쪽)에서부터 1릉, 제2릉, 제3릉으로 이름이 붙여져 있다.

명릉군 제1릉의 전경
가장 높은 제1단에 위치했는데, 약간 서쪽으로 치우친 남향이다. 무덤 난간석 면돌에는 12지신상을 조
각하였다. 봉분의 높이는 2.3m, 직경은 8m이다.

명릉군 제1릉 주변의 석수
능 주변에는 돌범 4개가 배치돼 있다. 문인상은 남아 있는 것이 없다.

명릉군 제1릉의 능비陵碑
1395년(태조 4)에 세웠다.

명릉군 제1릉의 묘비와 석수

명릉군 제2릉의 전경
제1릉 총목왕릉 동남쪽 약 40m 거리에 있다. 약간 서쪽으로 치우친
남향이다. 제3단 석축에서 6m앞에는 정자각 주춧돌이 남아 있다.

명릉군 제2릉의 정면
무덤 제1단 동서 양쪽에는 망주석이 서 있는데, 4각 기둥형태이다. 제3단 동서에는 문인상 한 쌍이 서
있다.

명릉군 제2릉의 봉분
봉분의 높이는 2.35m이고, 직경은 9.6m이다.

명릉군 제2릉의 뒷면

명릉군 제2릉의 동쪽 문인상

명릉군 제2릉의 서쪽 문인상

명릉군 제3릉의 전경
제2릉에서 동남쪽으로 약 70m 거리에 있다. 비교적 급한 경사면에 4단으로 축조되었다.

명릉군 제3릉의 측면

제2단과 3단의 동서 양쪽에 문인상이 한 쌍씩 세워져 있다. 정자각터는 오래 전에 없어졌고, 망주석과 상석도 없다.

명릉군 제3릉의 서쪽 문인상

명릉군 제3릉의 동쪽 문인상

명릉군 제3릉의 정면
가장 높은 제1단에 있는 봉분은 12각으로 직경은 8.4m이며, 높이는 2.7m이다.

칠릉군 전경(제1릉~제7릉)
칠릉군 중 제3릉의 무덤구역이 비교적 온전한 형태로 남아 있고, 제4릉의 무덤구역이 상대적으로 넓은
편이다.

● ● ●
무덤의 주인공이 밝혀지지 않은 7개의 무덤

　　　　　　　태조(太祖) 현릉(顯陵)의 서북쪽 능선인 만수산 서남쪽 언덕 기슭(황해북도 개성특급시 해선리)에 위치하는 왕릉급에 해당하는 7기의 능이다. 무덤의 피장자는 명확하지 않으나 문헌 및 출토 유물로 미루어 볼 때 고려 후기에 조성된 능으로 추정된다.

1662년(현종 3)에도 이 무덤들의 주인을 알 수 없어 무덤의 숫자로서 '칠릉(七陵)'으로 불리었다. 당시 능 봉분의 태반은 훼손되고, 초목이 무성했으며 사면의 석물 대부분이 매몰되어 있었다고 한다. 1755년 영조 때 칠릉의 표석이 세워졌다.

서쪽 가장 높은 곳에 위치한 무덤을 제1릉으로 부르며 동쪽 아래로 내려오면서 순서대로 제2릉부터 제7릉까지 명명하고 있다. 각각의 무덤은 약 56m 이내의 간격으로 나란히 분포한다. 이 가운데 3, 4, 7호분은 1916년 10월 조사했을 때 이미 도굴된 상태였다. 이 조사 때 황금제 관식, 황금 불상, 동전 등이 출토되었다.

보존유적 528호로 지정돼 있다.

칠릉군 제7릉 전경

7릉군 중에서 맨 동쪽에 있다. 무덤구역은 4단으로 축조되었고, 정남향이다. 봉분의 높이는 1.84m, 직경은 7.8m이다. 무덤 동서 양쪽에는 망주석이 있고, 제2단 동서에는 문인상 한 쌍이 남아 있다. 제1단 석축에서 3.7m앞에 제2단 석축이 있으고, 제3단 동서 양쪽에도 문인상 한 쌍이 있다. 제4단에는 정자각 터가 남아 있다.

칠릉군의 일부(제1릉~제6릉)

제 2 부
개성지역의 문화유적

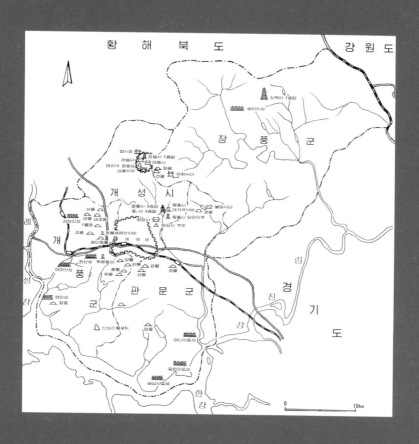

화담 서경덕의 묘 전경

화담花潭 서경덕徐敬德의 묘

　　　　　　　　서경덕, 황진이(黃眞伊), 박연(朴淵) 폭포를 이른바 '송도삼절(松都三絶)'이라 부른다.

서경덕의 묘는 개성시 용흥동에 위치해 있으며, 앞에는 송도저수지가 있고, 북으로 멀리에는 오관산 연봉이 솟아 있다. 묘의 시설로는 화강석을 다듬어 만든 상석과 묘 앞에 세운 비, 망주석이 있고 조금 아래로 내려오면 1584년 서경덕의 문인인 박민헌(朴民獻)이 짓고 한석봉이 쓴 대리석 신도비가 서 있다.

서경덕은 개성 화정리(禾井里)에서 1489년 아버지 서호번(徐好蕃)과 어머니 한씨(韓氏) 사이에 태어났으며, 43세에 어머니의 간곡한 권유로 생원시(生員試)에 합격한 일이 있지만 관직에는 나가지 않고 평생을 학문에만 힘썼다. 서경덕은 『원리기』『리기설』『태허설』『귀신사생론』등을 비롯해 여러 편의 글을 남겼다. 1546년 58세로 생을 마감했다. 1575년(선조8) 우의정에 추증되었으며, 1585년 신도비가 세워졌다. 개성의 숭양서원(崧陽書院) · 화곡서원(花谷書院)에 제향되었다.

보존유적 제1761호로 지정돼 있다.

서경덕의 묘비 앞면

서경덕의 묘 정면

화담 서경덕 신도비
1584년 서경덕의 문인인 박민헌(朴民獻)이 짓고 한석봉이 글씨를 썼다.

송도호의 일몰

●●● 황진이黃眞伊의 묘

황진이의 묘는 개성시 선적리에 있다. 2010년 퇴락한 봉분을 보수하고, 새로 묘비를 세웠다. 황진이는 16세기의 여류시인으로 예로부터 '송도삼절'의 하나로 알려졌다. 그의 호는 명월이며 1516년 개성에서 황진사의 딸로 출생하였다. 어릴 때부터 총명하고 아름다웠으며 예술적 소양이 뛰어 났고, 시를 잘 짓고 노래를 잘 부르는 시재

황진이의 묘 전경

로, 명창으로, 명필로도 널리 알려졌다. 그의 문학작품으로 시조 6수와 한시 4수가 전해지고 있는데, 모두 형식이 아름답고 서정성이 강하다.

황진이는 신분적으로 기생이라는 비천한 신분이었지만 지조가 높고 진실했다고 평가된다. 그는 조선시대 대표적 사상가인 화담 서경덕의 고결한 인품에 탄복하여 그를 스승으로 삼고 진심으로 존경하였다고 한다.

황진이의 묘 정면

황진이의 묘비 앞면
황진이의 묘를 보수한 후 개성시 인민위원회가 2000년 3월 15일에 세운 것이다.

십륙세기의 이름난 녀류음악가. 시인

권오백심륙년 개성에서 황진사의 딸로 출생

의경적. 박연폭포와 함께 《송도삼절》로

불리웠다.

당대의 민간음악과 시문학발전에 크게

기여하였다.

개성시 인민위원회

주체 팔십구(이천)년 삼월 십오일

황진이의 묘비 뒷면

황진이가 민간음악과 시문학발전에 크게 기여한 것으로 평가하였다.

박연폭포朴淵瀑布

　　　　　　　박연폭포는 개성시 북쪽 16km 지점에 있는 천
마산(天磨山)과 성거산(聖居山) 사이에 있다. 높이 37m의 박연폭포는 금
강산의 구룡폭포, 설악산의 대승폭포와 함께 우리나라 3대 폭포로 일컫
어진다. 박연(朴淵)은 폭포 위쪽에 있는 직경 8m 정도의 못이며, 이 박연
에 담겼다가 떨어지는 것이 바로 박연폭포이다.

박연이라는 명칭의 유래는 천마산 가까이 살며 통소 잘 불기로 소문난 박
진사(朴進士)가 늙으신 홀어머니를 모시고 살고 있었는데, 이 폭포에 놀러
왔다가 못 속에 사는 용녀에게 홀려 혼인하여 살고 있었는데, 진사의 어머
니는 아들이 돌아오지 않자 폭포에 떨어져 죽었다고 생각하고 비탄에 빠
져 자신도 떨어져 죽었다는 것에서 비롯한 것이다. 이때부터 그 못을 '고
모담(姑母潭)'이라 했으며 박씨 성을 따서 박연폭포라 불렀다고 한다.

박연은 고려 때 기청제(祈請祭)를 올리는 다섯 곳의 하나이며, 송도팔경
(松都八景)의 하나로 꼽혔던 곳이다.

폭포수가 떨어지는 바로 밑에는 고모담이라는 큰 못이 있고 서쪽에는 용
바위라고 하는 둥근 바위가 못 속에서 윗부분만 드러내고 있는데, 이 용
바위에는 황진이가 폭포의 절경에 감탄해 머리를 붓삼아 썼다고 알려진
시가 새겨져 있다. 고모담 동쪽 언덕에는 폭포의 절경을 감상하기 좋은
범사정(泛斯亭)이 있다.

박연폭포와 범사정

朴淵瀑布 (박연폭포)

一派長川噴壑瓏　龍秋百刃水叢叢
일파장천분학롱　용추백인수총총

飛泉倒寫疑銀漢　怒瀑橫垂宛白虹
비천도사의은한　노폭횡수완백홍

雹亂霆馳彌洞府　珠春玉碎徹晴空
박란정치미동부　주춘옥쇄철청공

游人莫道盧山勝　須識天磨冠海東
유인막도여산승　수식천마관해동

한 줄기 긴 냇물 구렁에 내려 꽂혀
백길 용소에서 물살이 우짖네

하늘의 은하수가 거꾸로 쏟아지는듯
흰 무지개 비껴드리운듯

물소리가 골 안에 우뢰를 일으키고
물방울 공중에 구슬이 흩어지고

여산이 좋다고만 말하지 마오
천마산의 이 폭포 누리에서 제일이라오

- 황진이

봄

여름

가을

박연폭포 위에 있는 박연 못

범사정에서 본 박연폭포

박연폭포와 용바위
고모담 서쪽에 있는 용바위에는 다음과 같은 전설이 전한다. 문종이 이곳에 놀러 왔다가 바위 위에 올라 서자 갑자기 바람이 일고 비가 쏟아져서 바위가 진동하였는데, 왕이 놀래고 겁을 내어 李靈幹이 왕을 모시고 있다가 용의 죄상을 지적하는 글을 써서 못에 던졌더니 용이 즉시 그 등을 물 위에 드러내므로 곧 이를 곤장으로 두들겨서 물이 온통 빨개졌다고 한다(『高麗史』 권56, 志10 地理1 王京開城府 牛峯郡).

박연폭포 앞에 있는 바위에는 많은 풍류객들의 이름이 새겨져 있다.

박연폭포 앞 용바위에는 황진이가 머리채에 먹을 적셔 휘둘러 썼다는
전설이 전해오는 글귀가 새겨져 있다. "나는듯 흘러 곧게 떨어진 물이
3,000척이나 되니, 하늘에서 은하수가 떨어지는지 의심스럽구나(飛流直
下三千尺 疑視銀河洛九天)'라는 시로, 당나라 시인 이백(李白)이 지은
'망려산폭포(望廬山瀑布)'에 나오는 구절이다.

박연폭포 동쪽에 있는 범사정의 전경

● ● ●

범사정泛槎亭

      범사정은 1700년에 지은 정자로 박연폭포 고
모담의 동쪽 언덕에 있다. 이 정자에 올라 폭포를 바라보면 폭포가 쏟아
지는 것이 마치 뗏목이 급류를 타고 흘러내려가는 것처럼 보인다는 뜻에
서 붙은 이름이다.

정면 2칸(4.55m), 측면 2칸(3.61m)의 합각집이며 밑에는 8각형의 높은
돌기둥을 세우고 그 위에 흘림식 나무기둥을 이어 세웠다. 공포는 없으나
여로 곳에 소로들을 끼워 넣어 지붕을 견고하게 받들게 하였다.

범사정을 지나 약간 가파른 숲길을 걸어 올라가면 대흥산성 북문이 나온
다. 범사정은 보존유적 제524호로 지정돼 있다.

범사정의 정면

범사정의 측면

박연폭포 고모담과 범사정

관덕정観徳亭

　　　　관덕정은 호정, 구군정, 군자정, 명월정, 반구정, 보선정, 채빈정과 더불어 조선시대 개성에 있었다는 8개 사정 가운데 하나이다. 8개 사정 가운데 지금은 관덕정과 호정, 구군정이 남아 있다. 관덕정은 개성시내가 한 눈에 들어오는 자남산(103m) 서쪽에 있으며, 양반들이 정자 맞은쪽에 과녁을 만들어 활쏘기 훈련터로 이용하던 곳이다. 원래는 작은 초가정자였는데, 1780년에 개축하면서 그 규모를 크게 늘렸다. 두 층으로 널찍하게 쌓은 기단 위에 세운 정면 3칸(6.8m), 측면 2칸(4.6m)의 합각집으로서 기둥은 아래에 전체 높이의 절반만한 화강석기둥을 세우고 그 위에 나무 흘림기둥을 세웠는데 돌기둥이 밑부분에서는 사각형의 주춧돌이었던 것이 위로 오르면서 한 모씩을 더 죽여 8각형으로 되게 한 것이 퍽 이채롭다. 기둥 사이 마루 아래에 눕혀 놓은 돌에 구멍을 뚫어 통풍되게 한 것도 다른 데서는 보기 드문 것이다.
1950년 전쟁 때 파괴된 것을 1954년 5월 원상대로 복구했다.
관덕정은 예로부터 경치 좋기로 이름난 개성의 명소들 가운데 하나로 알려져 왔다. 전설에 의하면 개성유수로 임명되어 오는 관료들에게 개성사람들이 개성의 다른 고적들은 다 구경시켜도 관덕정만은 구경시키지 않았다. 한다. 관덕정에 오르면 개성의 즐비한 기와집들이 한눈에 바라보여 그들의 탐욕을 한결 북돋아 줄 수 있기 때문이었다고 한다.

관덕정의 현판

관덕정의 정면

주춧돌은 8각으로 다듬은 화강석으로 높이가 1.42m이고, 기둥의 높이는 1.28m이다.

관덕정의 전경
관덕정은 보존유적 527호로 지정되어 있다.

● ● ●

호정虎亭

관덕정에서 양반들의 활쏘기를 했다면 평민들은 자남산 동쪽에 호정이라는 초가 정자를 만들어 활쏘기를 했다. 호정은 개성시 선죽동에 있는 1710년의 조선시대 건물이다. 『개성지』에 따르면 조선시기 개성에는 8개의 사정이 있었다고 하며, 호정은 그 가운데 하나이다.

호정은 1710년(조선 숙종 36)에 세웠으며, 그후 여러 차례 보수되었다. 이 정자는 군사들의 활쏘기훈련장으로 만들어 졌는데, 지방 양반들이 무과 시험을 치기 위한 활쏘기훈련도 여기서 했다고 한다.

호정은 정면 3칸(5.84m), 옆면 2칸(3.24m)의 그리 크지 않은 건물인데 주위가 탁 트여 있어 활을 쏘기에 맞춤하였다. 가까이에는 선죽교, 표충비 등의 이름난 유적들이 있다.

개성시 선죽동에 있으며, 보존유적 제526호로 지정돼 있다.

호정 측면
현재 호정의 모습은 1968년에 대대적으로 보수된 것이다.

호정 전경

호정은 원래 본정(4칸)과 남정(현재 건물) 2개의
건물로 되어 있었는데, 본정은 1950년 전쟁 때 폭
격으로 파괴됐고, 남정도 거의 파괴되었던 것을
1954년 관덕정과 함께 복구했다.

대흥산성 북문 전경

국보유적 제126호 대흥산성大興山城

　　　　　　대흥산성은 개성시내에서 북쪽으로 16km정도 떨어져 있다. 천마산성이라고도 불리는 이 산성은 개성 북쪽 대흥산의 산성골을 감싸며 천마산, 청량봉, 인달봉, 성거산 등의 험준한 산봉우리를 연결하여 쌓은 석성이다. 천마산을 연결한 구간은 험한 절벽을 성벽으로 그대로 이용했고 능선과 평평한 구간에는 돌로 성벽을 쌓았다. 산 능선을 따라 쌓은 성벽은 바깥쪽에만 쌓아 올리고, 평평하거나 계곡이 있는 곳에서는 양쪽에 쌓았다. 또 절벽이 낮은 곳에는 성가퀴만을 쌓았으며 10개소에 치(雉)를 설치하였다.

축성연대는 확실하지 않으나 출토된 기와들로 보아 고려시대에 처음 쌓은 것으로 보이며, 1676년(숙종 2)에 크게 보수했다. 성의 둘레는 10.1km, 높이는 4~8m 정도이다. 원래 동·서·남·북 4개의 큰 성문과 동소문·서소문 등 6개의 사이문을 갖추었으나 현재는 북문의 축대와 문루만 그대로 남아 있다.

북문은 성의 북쪽에 있던 이 문으로 지금까지 석축과 문루가 그대로 남아 있다. 북문의 문루는 정면 3칸, 측면 1칸이고, 큼직큼직한 돌로 쌓은 석축의 한가운데에는 높이와 너비가 3.7m, 길이가 5.5m인 홍예문(무지개문)을 냈다. 이 문루는 박연폭포가 떨어지는 고모담 옆의 범사정과 함께 박연폭포의 경치를 한층 돋보이게 해준다.

현쟁 산성 성벽은 북문에서 서문까지는 한곳에 약간 허물어 진 것을 제외하고는 잘 보존되어 있고, 서문에서 부터 남문까지의 구간은 여러 곳이 무너졌다.

대흥산성 북문 외부 정면
북문 안으로 들어가 골짜기를 따라 남으로 약 2km 올라가 가면 넓은 대흥동이 있는데, 여기에는 대흥
사를 비롯해 제승당터 등 많은 집터들이 남아 있다.

대흥산성 표식비
국보유적 제126호로 지정돼 있다.

대흥산성 북문의 문루와 홍예문

대흥산성 북문 내부 정면

대흥산성 북문의 홍예문

관음사 대웅전 전경

국보유적 제125호 관음사 대웅전觀音寺 大雄殿

　　　　　　대흥산성 북문에서 약 1km 정도 올라가면 천
마산 기슭에 관음사가 자리잡고 있다. 970년(고려 광종 21) 법인국사(法印
國師) 탄문(坦文)이 처음 세우고, 1393년(조선 태조 1)에 크게 확장했다.
1477년(성종 8) 산사태로 무너진 것을 1646년(인조 24)에 다시 세웠고,
현재의 건물은 1797년(정조 21)에 중수한 것이다.

경내에는 현재 대웅전·승방·칠층석탑·관음굴이 남아 있다. 승방 중앙
에 난 문으로 들어가면, 마당 안쪽에 대웅전이 있고 그 서쪽에 7층석탑,
북쪽으로 관음굴이 있다. 대웅전은 장대석을 쌓아올린 높은 기단 위에 있
으며, 정면 3칸(8.4m), 측면 3칸(6.61m)의 겹처마를 댄 다포계 우진각지
붕집이다. 대웅전 앞에 있는 7층석탑은 높이는 약 4.5m로, 고려 때 조성
됐다.

대웅전 뒤쪽에 있는 관음굴은 관음사가 세워지기 전부터 있었다고 한다.
여기에는 현재 국보유적 제154호로 지정된 대리석관음보살상이 2구 있
었는데, 그중 하나는 평양시의 중앙력사박물관으로 옮겨 보존하고 있다.
이 불상은 고려시대의 조각상으로서는 매우 보기 드문 대리석상이다. 유
백색 대리석으로 만든 높이 1.2m 정도의 단아한 돌부처 좌상인데, 전체
적으로 치장이 화려하고 조각 기술이 섬세하다. 몸매는 균형이 잡혀 있고

관음사 대웅전 현판과 공포

관음사 대웅전 추녀

관음사 대웅전 정면

관음사 대웅전 내부 전경

표정은 부드럽고 온화하다. 머리에는 화려한 보관을 썼고, 몸에는 얇고 부드러운 천의를 입었으며, 구슬을 꿰어 만든 영락장식이 양어깨로 드리워 있어서 품격 있어 보인다. 조각이 정교하고 섬세하여 고려시대 석조미술의 걸작으로 평가받고 있다.

관음사 대웅전 불상과 불단

관음사 대웅전 창호

관음사 대웅전 불상
아미타불, 관세음보살, 대세지보살 등 3개 불상이 모셔져 있다.

관음사 대웅전 내부 동자승 조각

관음사 대웅전 내부의 불화

관음사 승방 전경
앞면 4칸(10.7m), 서쪽옆면 4칸, 동쪽옆면 2칸이 되는 'ㄴ'모양의 평면을 가진 배집이다.

관음사 승방 뒷면

관음사 7층탑
고려 때 만들어졌으며, 높이는 약 4.5m이다.

왼쪽: 관음사 대웅전 뒤쪽에 있는 관음
굴의 입구

오른쪽: 평양 조선중앙력사박물관에 전
시돼 있는 대리석관음보살상
원래 관음사 관음굴에 있던 것 중
하나를 옮긴 것이다.

왼쪽: 관음굴 안의 대리석관음보살상

오른쪽: 대리석관음보살상
높이는 1.2m 정도. 국보유적 제154
호로 지정되어 있다.

관음사 기적비 정면
1660년에 세운 비로, 관음사의 연혁이 기록돼 있다.

관음사 기적비 측면

안화사安和寺

안화사는 개성시 고려동 송악산 남쪽 기슭에
있다. 930년 처음 안화선원이라는 이름으로 창건되었다. 원래 고려 태조
왕건이 후백제의 견훤과 삼한의 패권을 다툴 때 후백제에 볼모로 보냈던
4촌 동생인 왕신(王信)이 죽자 그의 명복을 빌기 위해 왕실의 원당으로
삼았던 절이다. 안화선원은 고려 예종 때 국가적인 대찰로 중창되었고,

이때 안화사로 개칭되었다.

안화사에는 무량수전을 중심으로 좌우에 양화각, 숭화각이 있었고, 능인전, 승법당, 미타전, 왕이 머물던 제궁(齊宮) 등이 있었다고 전해진다. 고려 멸망 후 폐사된 것을 1930년경에 중창하였고, 1987년 대대적으로 개건했다. 개건된 안화사는 대웅전, 오백전(나한전), 심검당(승방)으로 이뤄졌다.

안화사 전경

안화사 대웅전과 오백전五百殿 정면

동쪽에서 바라 본 안화사 대웅전과 오백전

안화사 대웅전 측면
대웅전은 앞면 3칸(9.15m), 옆면 3칸(6.12m)의 팔작지붕으로 지어졌다.

안화사 대웅전 내부 전경

안화사 대웅전 불전과 불상, 불화

안화사 대웅전 신중탱화

안화사 오백전 앞면
앞면 3칸(7.69m), 옆면 2칸(4.9m)이며, 넓이는 37.32m²이다.

안화사 오백전 내부 불상

안화사 오백전 내부 불상과 오백 나한상羅漢像

● ● ●

령통사靈通寺, 대각국사 의천義天이 천태종 연 사찰

령통사는 1027년(고려 현종 18) 창건된 사찰로, 개성시 북동쪽의 용흥동 오관산 기슭에 자리잡고 있다. 16세기 무렵 화재로 소실된 것을 2002년 11월 북의 조선민족경제협력위원회와 대한불교천태종, 일본의 학술관계자들이 함께 복원사업을 시작하여 2005년 10월에 복원했다.

령통사는 일찍이 고려 왕실과 깊은 관련을 가지고 있었다. 인종을 비롯한 여러 왕들이 자주 참배하고, 각종 왕실 법회가 열렸던 큰 사찰이었다. 당시에는 인연이 있는 왕들의 진영(眞影)을 모시는 진영각(眞影閣)이 있었다. 대각국사 의천(義天)은 이곳에서 교관(敎觀)을 배우고 천태종을 열었으며, 입적한 후에는 그의 비가 이곳에 건립됐다.

대각국사비 비문에는 어려서 불가에 들어간 대각국사 의천이 송나라에서 천태종과 화엄종을 배우고 돌아와 천태종을 개창하기까지의 행적이 기록되어 있다. 또 비의 뒷면 오른쪽에 대각국사의 문하승 영근(英僅)이 묘실과 비명을 안립한 사적기를 쓰고 왼쪽에는 혜소(慧素)가 문도들의 이름·직명 등을 써서 새겼다.

비문은 당시의 서체와 서적간행 관계 등을 연구하는 데 귀중한 자료가 되며, 특히 혜소의 글씨는 명필이다. 지대석을 이루는 바닥돌은 고려시대

오관산이란 이름은 관을 쓴 것 같은 5개의 봉우리로 이뤄진 산이라는 데서 생겼다. 령통사가 자리잡고 있는 오관산 영통골은 예로부터 경치 좋은 곳으로 알려졌다.

의 석비들 중에서 가장 크며, 옥개석의 특이한 형식은 12세기경 고려의 조형미술 연구에 귀중한 자료로 평가된다.

이외에도 령통사에는 당간지주, 오층석탑, 삼층석탑, 의천의 사리를 모신 부도가 남아 있다.

령통사는 국보유적 192호로 지정돼 있다.

령통사 전경

령통사 남문

령통사 보광원普光院과 5층탑, 서3층탑, 동3층탑
서3층탑의 높이는 4.13m, 동3층탑의 높이는 4.42m로, 고려 초기의 탑이다.

령통사 보광원 정면
전통사찰의 대웅전격인 전각으로 령통사의 중심 건물이다.

령통사 당간지주
고려 초기 령통사를 지을 때 함께 건립한 것으로 높이는
4.69m이다. 주주에는 당간을 고정시키기 위한 두 개의 구
멍과 홈이 있다.

령통사 5층석탑
단층 기단과 5층의 탑신부, 탑머리의 상륜부로 구성된 화
강암 석탑으로 높이는 약 6.5m이다. 국보유적 제133호로
지정돼 있다.

대각국사비는 1125년(인종 3), 고려의 불교를 통일한 천태종의 개조 대각국사 의천의 사적을 새긴 것
으로 높이 3.06m, 너비 1.61m, 두께 0.24m이고, 전체 높이 4.32m이다.

귀부(龜趺)·비신·옥개석(玉蓋石)으로 구성되어 있으며, 귀부는 화강석, 옥개석과 몸체는 대리석이다.
귀부는 용머리형으로, 등에 낮은 비좌(碑座)가 있다.

비신 앞면 상단에는 '증익대각국사비명(贈諡大覺國師碑銘)'이라는 명칭이 있고 그 좌우에 봉황과 보상
화무늬를 양각했다. 꽃무늬 안쪽에 김부식(金富軾)이 짓고 오언후(嗚彦侯)가 해서체로 써서 새긴 2,000
여 자의 비문이 있다. 국보유적 제155호로 지정돼 있다.

령통사 보광원 삼신도

령통사 보광원 신중도

령통사 보광원 내부 삼신불

2층 구조의 지붕 아래 닫집을 만들고, 그 아래 비로자나불을 중심으로 좌우에 석가모니불과 노사나불을 모셨다.

령통사 중각원重閣院
대각국사 의천과 제자들이 공부하던 곳이다. 『고려사』에는 이곳에서 50여 차례의 대규모 강의가 있었
던 것으로 전한다.

령통사 중각원 내부

령통사 숭복원崇福院 측면

숭복원은 중각원 뒤에 있는 건물로 일명 행궁이라고 한다. 고려 태조 왕건의
원당으로 사용했던 곳으로 나중에는 사찰을 찾은 왕의 숙소로 이용되기도 하
였다.

령통사 보조원 정면
보조원은 관음전의 별칭으로 관세음보살이 봉안되어 있다.

령통사 보조원 내부 불상

령통사 경선원敬先院 전경
령통사 뒤편 산 중턱에 있으며, 대각국사의 화상을 모신 곳이다.

영영원永寧院 측면
영영원은 보조원 뒤쪽에 있으며, 령통사와 인연이 있는 역대 고려 국왕들의 초상을 모셨던 곳이다.

령통사 경선원과 대각국사 부도

대국국사는 경선원에서 서쪽으로 4km 떨어진 총지사에서 열반했다. 대각국사의 유언을 따라 제자들은
령통사에 잠시 법구를 안장했다가 다비한 다음 사리탑인 부도를 세웠다고 한다. 경선원 바로 앞에 그때
세운 부도가 그대로 서 있다.

경선원 본전 대각국사 진영眞影

꽃무늬 숫막새(기와)

령통사 종
경선원 회랑에는 령통사를 발굴할 때
나온 고려시기의 여러 유물들이 전시
돼 있다.

청동그릇

문래의 묘 전경
묘 앞쪽으로 묘비와 신도비가 세워져 있다.

• • •

물레를 만든 문익점의 손자 문래文萊의 묘

　　　　　　문래는 14세기 후반부터 15세기 초(1409년)까지 활동한 인물로, 우리나라에 처음으로 목화씨를 들여와 보급시킨 문익점(1329~1398)의 손자이다. 호는 이곡이며 자는 자봉이다. 그는 실을 뽑는 기구를 만들어 천을 짤 수 있게 했고, 사람들은 그 기구를 문래의 이름으로 부르게 되었는데 그것이 와전되어 오늘날에는 문레로 되었다. 목화솜으로 짠 천을 무명이라고 부르는데 여기에도 문익점 일가의 공이 깃들어 있다. 오빠 문래가 물레를 만들고 여동생 문영은 그 실을 가지고 천을 짰는데 그렇게 짠 새 천도 그의 이름을 따서 문영-무명일고 불렀던 것이다.

의정부 좌찬성으로 활동하다 1409년 관직에서 물러나 개성에서 살다가 사망했다. 묘 앞 동서 양쪽에 각각 문인상 한쌍이 서 있고, 무덤 앞 동쪽 옆에 1937년에 세워진 묘비와 신도비가 서 있다.

개성시 개풍군 묵산리에 있다. 보존유적 제1742호로 지정돼 있다.

문래의 묘 측면

문래의 묘 측면

문래의 묘 묘비
묘비 앞면에 "증령의정 봉장연백 행숭록대부 좌찬성 정혜공 남평 문래지묘 배정경
부인 인천문씨부"(영의정으로 추증하고 장연백으로 봉한 숭록대부 좌찬성, 시호를
정혜라고 한 남평사람 문래의 묘다. 정경부인 인천문씨를 함께 묻는다)라고 새겼다.
비 뒷면에는 문래의 업적을 찬양한 시를 새기고 18대 후손이 글을 짓고 21대 후손이
글을 썼다는 내용이 새겨져 있다.

문래의 묘 신도비

신도비에는 비 제목을 쓰고 그 아래에 문래의 경력을 썼으며, 마지막에 1937년에 비를 세웠다고 기록
돼 있다.

조선 후기 실학자 연암 박지원朴趾源의 묘

박지원의 묘는 개성시 은덕동(전 개성시 판문군 전재리) 황토고개 남쪽 기슭에 있다. 그의 묘는 조선과 일제 강점기 때 버려졌다가 1959년 개풍군 전재리 황토고개에서 봉분이 퇴락된 채로 발견되었다. 1990년대에 이르러 황진이묘와 박지원 등 명사들의 묘소를 재정비하였다. 이때 그의 묘소 역시 봉분을 쌓고, 비석과 석물 등을 정비하였다. 그의 묘소 남동쪽에는 개성공단이 있고, 서남쪽에는 선죽교와 정몽주의 옛 집이 있다.

보존유적 제1740호로 지정돼 있다.

박지원(1737~1805)은 조선후기 대표적 문인이자 실학자이다. 서울에서 태어난 박지원은 면천군수, 양양부사를 지냈으며, 1805년 12월 10일 69살을 일기로 생애를 마쳤다. 유언에 따라 이곳에 무덤을 썼으며, 무덤은 부부합장묘이다.

연암 박지원의 묘 정면
봉분의 높이는 3m, 직경은 6m이다.

연암 박지원의 묘 전경
무덤 앞에는 큰 상석을 놓았으며, 그 앞에는 묘비를 세웠고, 무덤 양옆에는 망주석을 세웠다.

연암 박지원의 묘 측면

연암 박지원의 묘비

연암 박지원의 묘비 뒷면
2000년 7월 5일 박지원의 묘를 새로 단장한 후
개성시 인민위원회가 세운 것이다.

개성민속보존구역의 전경
자남산에 있는 관덕정에서 바라다 본 민속보존구역의 모습이다. 전통가옥이 집중적으로 남아 있는 이곳을 민속보존구역으로 지정해 관리하고 있다.

● ● ●

전쟁의 참화를 비껴 간 전통가옥

개성은 예로부터 부소갑, 송악, 개주, 개경, 송도 등으로 불리기도 했다. 개성은 한자어가 들어오기 전 고구려 때에는 동비홀이라 불렸다. 동비홀의 어원은 도비구루(두비구루)인데, 도비(두비)는 "열다", 구루는 "성"이라는 의미를 가지고 있다. 즉, "열린 성" "열려진 곳에 있는 성"이라는 뜻이다.

고구려 때에 개성은 부소갑이라고도 불렸다. 부소갑은 부소산, 즉 송악산과 관련해서 나온 이름이다. 송악산이 백제 때에는 청목산이나 청목령으로 불렸던 것도 푸른 소나무가 많이 있었기 때문이다. 조선시대 흔히 쓰이던 송도, 송경이라는 이름들도 소나무가 많은 송악산을 끼고 있는 도읍지라는 데서 유래했다.

해방 후 개성은 38선 아래쪽에 있어 남쪽에 속했으나 1953년 전쟁이 끝나면서 북녘 땅이 됐다. 1950년 말부터 1951년 상반기까지 개성은 전선지구였다. 1951년 7월 10일부터 시작된 정전회담을 개성에서 하게 되어 이곳은 비무장지대로 선포되었다. 전쟁이 끝날 때까지 미군의 폭격대상에서 제외됨으로 개성은 북쪽의 다른 지역과는 달리 완전한 폐허만은 면할 수 있었다. 그 결과 개성 시내에 있던 100여 년 된 전통가옥들이 현재까지 남아 있을 수 있게 됐다.

개성의 일몰

개성민속보존구역의 전통가옥들

개성민속보존구역를 관통하는 중심도로

개성민속보존구역 골목

개성 민속여관

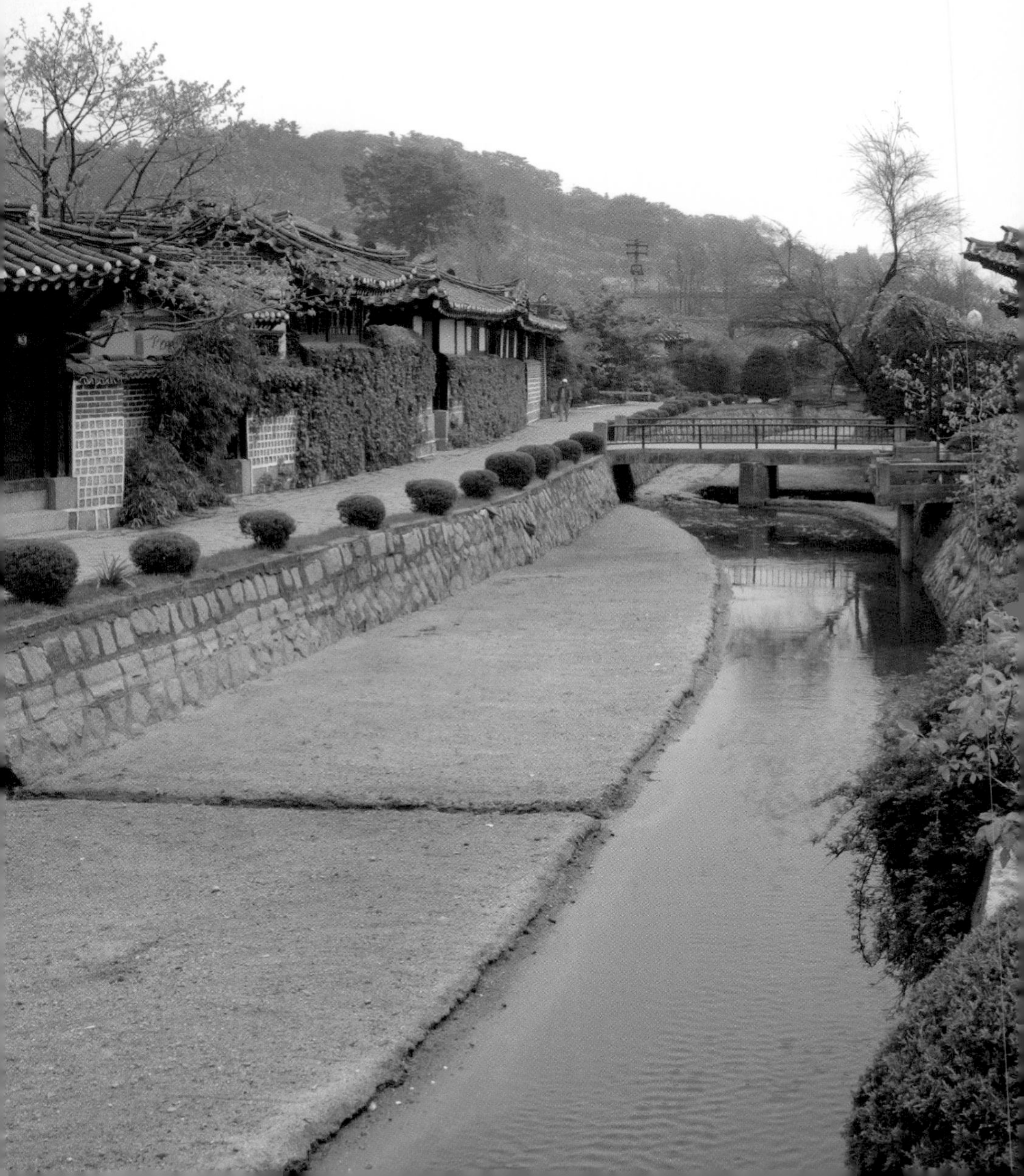

민속여관

개성 남대문 북쪽에 위치한 개성민속여관은 조선시대 전통가옥단지를 여관으로 개조하여 1989년 개장하였다. 개성민속여관은 총 52동으로 구성된 단층 숙박시설로 온돌방, 전통침구 등을 구비하고 있으며, 여관 내 민속식당에서는 반상기, 닭곰, 약과 등 토속 전통음식을 즐길 수 있다. 전통가옥단지를 가로 지르는 실개천을 따라 조성된 산책로는 고풍의 미를 한껏 느낄 수 있는 개성만의 묘미를 느낄 수 있고, 예전 모습 그대로 보존되어 있는 여관 객실은 우리 민족의 전통 생활방식을 체험할 수 있다.

민속식당

개성 민속여관 내에 위치한 민속식당은 고풍스러운 전통가옥의 온돌방에서 개인상을 차려 토속음식을 즐길 수 있는 특별한 곳이다. 이 곳에서는 반상기, 인삼닭곰, 약과 등 개성 전통음식을 즐길 수 있다.

개성 민속여관의 일부

개성 민속여관의 일부

예로부터 개성지역은 다양한 토산음식이 있지만, 보쌈김치, 편수, 설렁탕, 추어탕, 경단, 우메기, 약밥, 신선로 등이 널리 알려져 있다. 이 밖에 개성 토산음식으로는 설렁탕과 추어탕이 유명하다. 다양한 개성음식은 놋으로 만든 반상기에 담아야 제 맛을 느낄 수 있다고 한다. 민속식당에서 맛볼 수 있는 13첩 반상기는 13가지의 개성 토속음식을 제대로 맛볼 수 있는 훌륭한 상차림으로 호평을 받고 있다.

개성 시내 전경

자남산에서 내려다 본 개성 시내

자남산으로 올라가는 개성 중심도로
중앙에 보이는 것이 김일성 주석의 동상이고, 그 뒤쪽으로 송악산의 능선이 보인다.

자남산 정상에 세워져 있는 김일성 주석의 동상

자남산여관
4층 건물로 1984년에 개관했다.

송도사범대학 전경

고려성균관 대학

개성시 중심부에 자리잡고 있는 개성학생소년궁전
학생소년궁전은 방과 후 소조활동을 하는 곳이다. 궁전에는 40여 개의 활동실과 120여 개의 실험실, 극
장, 체육관 등이 있다.

개성학생소년궁전에서 학생들이 공부가 끝난 후 소조별로 과외활동을 하고 있다.

남북을 연결하는 서해선(경의선)의 개성역

남북 철도시범운행
2007년 5월 17일 남북철도연결구간 열차시범운행 행사가 개성과 금강산지역에서 동시에 열렸다.

2007년 5월 17일 열린 남북철도 연결구간 열차시범운행 행사에서 북측 기관차를 운전하고 온 북측 기관사.

평양–개성고속도로의 종착점
서울까지 불과 70km이다.

세계문화유산 개성

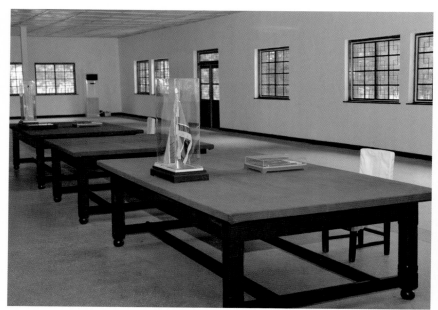

정전협정 조인장 내부

북측에서 바라다 본 판문점

정전협정 조인장
1953년 7월 27일 정전협정을 조인한 장소이다.

세계문화유산 개성

2016년 1월 1일 초판 1쇄 인쇄
2016년 1월 10일 초판 1쇄 발행

글쓴이 | 문광선
발행인 | 정예은
발행처 | 역사인
등록번호 | 제10-18호(1973년 11월 8일)
주소 | 경기도 파주시 회동길 445-1 경인빌딩
전화 | 031-955-9300
팩스 | 031-955-9310
E-mail | kyunginp@chol.com
http://kyungin.mkstudy.com

값 22,000원
ISBN 979-11-86828-01-4 03910